AF586874

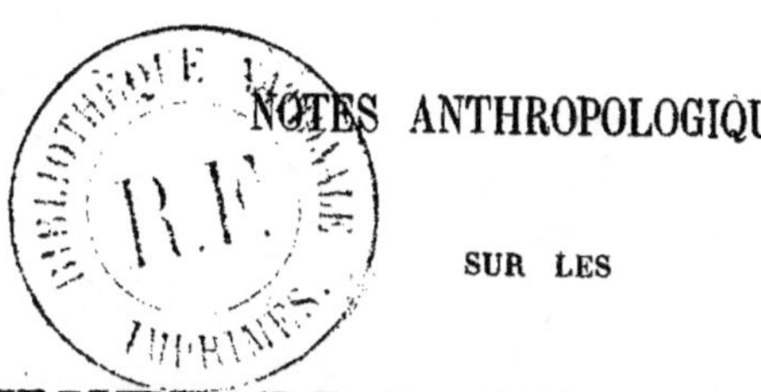

# NOTES ANTHROPOLOGIQUES

SUR LES

# HUTTIERS DE LA SÈVRE

PAR

**Le Dr F. LAGARDELLE**

Directeur médecin de l'Asile des aliénés de Moulins.

Médaille d'argent de l'Académie de médecine, lauréat de la Société médico psychologique,
Membre de la Société des sciences industrielles, arts et belles-lettres de Paris, de la Société des archivistes de France,
De la Société médico-chirurgicale de Bordeaux, etc.

**MOULINS**

IMPRIMERIE DE C. DESROSIERS

1872

# LES

# HUTTIERS DE LA SÈVRE

L'anthropologie est destinée dans bien des cas à élucider les questions les plus obscures de l'histoire des peuples.

Alors que l'historien est obligé de rechercher dans les documents nombreux et souvent contradictoires, toutes les notions et discussions qui peuvent l'amener à connaître l'origine d'une race, il suffit à l'anthropologiste d'avoir les caractères physiques de quelques individus pour déterminer avec exactitude le type de cette race et par suite sa provenance.

Ces caractères peuvent se trouver après des siècles et être reconnus facilement chez des contemporains, à la condition unique, mais difficile à obtenir, que les croisements par trop nombreux n'aient pas altéré le type primitif au point de le rendre méconnaissable.

Le moment est venu de détruire des préjugés historiques, des préventions erronées qui se sont perpétuées à travers les siècles sur le compte des habitants des Marais-Mouillés, relégués autrefois loin des autres hommes, pour des raisons faciles à déterminer, mais couvertes par des prétextes dégradants, et qui sont rentrés aujourd'hui dans la vie commune.

Avant d'étudier sommairement les caractères essentiels des habitants de ce magnifique pays rempli d'enseignements éminemment profitables à l'admiration du poète, à la curiosité du touriste, aux recherches variées du savant, jetons un coup d'œil rétrospectif et rapide sur cette contrée de la France qu'on désigne sous le nom de Marais-Mouillés de la Sèvre.

Il existe deux vastes marais s'étendant jusqu'à la mer, immenses plaines autrefois incultes, inhabitables, destinées pendant plusieurs siècles à servir de refuge aux habitants de la Plaine, vaincus, dépossédés et refoulés jusqu'au-delà des terres cultivées.

Le premier qui accompagne au loin les embouchures de la Sèvre et du Lay, n'a pas pris part aux dernières guerres et a suivi la fortune politique de la plaine calcaire de Fontenay, où les céréales, les prairies artificielles, les troupeaux de moutons, la production des mules constituent la principale richesse du pays.

Le second, qui s'étend de Bourganeuf à St-Gilles où la culture est enclose par des canaux sinon par des haies, suivit la fortune politique du Bocage placé sur un massif de granit et schistes dont la culture est analogue à ce dernier marais et où on élève une race bovine particulière qu'on appelle Choletaise ou Parthenaise.

L'insurrection Vendéenne n'est pas le seul caractère distinctif de ces deux marais, quoiqu'elle indique une différence dans les populations, les mœurs, les habitudes et les tendances.

C'est surtout du premier Marais que nous avons à nous occuper.

Cette immense plaine liquide, aussi vierge que sauvage, couverte autrefois de roseaux gigantesques, de joncs et autres plantes marines, n'était probablement pas habitée avant la conquête des Romains. — Il y avait peut-être çà et là sur les points les plus accessibles quelques familles gauloises de race celtique, appartenant à la tribu désignée par les romains sous le nom d'Agésinates Cambolectri.

La mer couvrait la plus grande partie de ce territoire, et il semblait que dans ces vastes plaines, les poissons et certains oiseaux étaient les seuls habitants qui pussent y séjourner.

Sous l'influence de causes naturelles d'abord, artificielles ensuite, la mer s'est retirée peu à peu et a fait d'un pays primitivement inculte, inhabitable, une contrée aujourd'hui admirable, d'une grande valeur territoriale.

C'est surtout depuis une trentaine d'années que la main de l'homme a complétement transformé le Marais, au point de vue productif surtout. Un seul exemple donnera une idée non-seulement de l'accroissement de la propriété, mais des grandes transformations morales qui en ont été la suite. Une propriété située dans le Marais, pour laquelle les fermiers payaient, il y a 25 ans en poissons et gibiers, une valeur de dix-sept cents francs, est affermée aujourd'hui pour quatorze mille francs.

Les grands travaux de canalisation exécutés depuis quelques années ont fait de ce pays autrefois presqu'inhabitable une immense Venise naturelle, où la beauté des arbres pleins de sève, répandus de tous côtés, les prairies toujours vertes, entourées de cours d'eau et habitées par de magnifiques animaux pendant une partie de l'année, sont autant de preuves vivantes de la richesse qui est venue remplacer en peu de temps, pour ces habitants, les conditions les plus misérables de l'existence.

On trouve dans les récits d'un grand nombre d'historiens, des relations souvent contradictoires sur une race d'hommes habitant les Marais Mouillés designés autrefois sous le nom de Colliberts.

Cette race de colliberts, appelés plus tard huttiers, est aujourd'hui probablement éteinte et remplacée par ce que l'on appelle les Cabaniers et les Nioleurs.

Au milieu des contradictions des auteurs sur tout ce qui a trait à cette race maudite, nous résumerons rapidement les particularités essentielles, historiques et scientifiques qui, à travers les siècles, nous permettent d'établir sinon l'origine exacte de cette peuplade, du moins son existence morale et physique et les caractères anthropologiques destinés à démentir les erreurs grossières qui ont persisté pendant si longtemps.

Avant la conquête des Gaules par César, la partie du Marais alors habitable était entièrement occupée par les Gaulois d'origine celtique. Le peuple serf en principe était opprimé, écrasé, abruti par la puissance soupçonneuse et cruelle des Druides, fondée sur la superstition qu'un auteur appelait le *monstre au visage sanglant*.

Après la conquête, ce peuple resta sur le même territoire et fut soumis à de nouvelles lois, d'abord beaucoup plus douces, qui amenèrent rapidement le bien-être, l'aisance, puis malheureusement le luxe des Romains et enfin la décadence précipitée par des causes physiques graves, telles que l'incorporation dans les armées Romaines de la portion vigoureuse des habitants, les impôts croissants des guerres continuelles depuis la fin du IVe siècle, et, au moment où ce peuple était si affaibli moralement et physiquement, le grand désastre de l'invasion des Barbares.

C'est à cette époque à jamais mémorable que nous paraît remonter l'origine, non-seulement des Colliberts, mais de toutes les races maudites de la France qui ont occupé les contrées les plus reculées et les plus désertes.

Si l'on réfléchit un instant aux différentes agglomérations d'hommes, désignées sous le nom de races maudites, qui ont occupé certains points de la France, on voit vite entre ces diverses peuplades des liens intimes qui semblent les rattacher à la même origine.

Les Cacous ou Caqueux de la Bretagne, les Cahets réfugiés dans les marais, les lagunes et les landes de la Guyenne et de la Gascogne, les Caffes des deux Navarres, les cagots ou capots des montagnes du Béarn, qu'au XIe siècle on donnait, léguait ou vendait comme esclaves, remontent tous au même grand événement qui a refoulé dans les lieux les plus déserts et sur une vaste étendue, les malheureux habitants du pays fertile dont les barbares, sous des noms différents, se sont emparés à des époques plus ou moins rapprochées.

Le voyageur Ramond, en philosophe observateur, dit avec quelque raison : « Un teint livide, des difformités, des stigmates de ces maladies que produit « l'altération héréditaire des humeurs, voilà ce qui seul « distingue la postérité d'un peuple de conquérants ; « voilà ce qui a tout effacé, hormis peut-être quelques « traces de structure étrangère que la dégradation de « l'espèce n'a pu entièrement détruire, parce qu'il est des « traits caractéristiques qui ne cèdent qu'au mélange « des races et non à leurs infortunes. »

Les plus grandes infortunes, la misère la plus profonde, l'action constante, plus ou moins nuisible des éléments divers qui concourent à notre destruction, ne peuvent à eux seuls effacer certains caractères anthropologiques.

Une peuplade placée dans les conditions les plus misérables de l'existence, qui a pu résister pendant des siècles à la haine et à la réprobation, ne peut appartenir à une race de crétins ou d'idiots comme quelques auteurs se sont plu à le dire.

Dufour, auteur de l'histoire de l'ancien Poitou (1826),

dit que les Colliberts, dont le domicile habituel, ainsi que celui de toute la famille, est dans les bateaux, formaient une population exigüe, presque sauvage, provenant des anciens Colliberts assez nombreux autrefois dans le bas Poitou.

Il en est fait mention dans les anciennes chartes. Dans le XIe et le XIIe siècle, on gratifiait les abbayes et autres établissements religieux de ces Colliberts et même de leurs familles. Ils étaient spécialement chargés de la pêche.

Leur condition politique était intermédiaire entre l'homme libre et l'homme de poote. Les enfants d'un Collibert n'étaient pas la propriété de leur patron ou seigneur comme ceux des serfs qui appartenaient de droit à leur maître. On les distinguait sous le nom de *Homines conditionales.*

Sur la sèvre niortaise, ils se livraient à la pêche et à la chasse ; ils habitaient des huttes grossières disséminées dans les Marais et éloignées de toute habitation. On les a représentés israscibles, méchants, cruels, incrédules, indociles, étrangers à tout sentiment humain. Mais avant d'admettre ces caractères moraux, il est bon de se rappeler qu'ils étaient méprisés, vus avec dégoût, repoussés par la population la plus voisine, et que les Normands, dans leurs fréquentes incursions vers l'embouchure de la Sèvre niortaise, dépouillaient et mettaient à mort tous les Colliberts qu'ils rencontraient.

D'après Dufour, les derniers existants étaient chrétiens catholiques, d'une ignorance crasse, qu'on doit surtout attribuer au défaut absolu d'éducation, au genre de vie, à la privation de communication avec les autres hommes dont ils restaient constamment séquestrés ; et leurs pères du XIe siècle étaient de malheureux descendants des agésinates cambolectri (d'origine celtique).

Il y a environ 40 ans, Cavoleau écrivait : les Huttiers

forment sur plusieurs points des Marais-Mouillés, une espèce de peuplade à laquelle une situation particulière a fait contracter des mœurs et des habitudes qui les distinguent essentiellement des habitants de la terre ferme. Ils ont la réputation d'être des voisins dangereux pour les terres cultivées qui ne sont pas assez éloignées de leurs habitations.

L'habitation primitive des Huttiers, qui était probablement celle des derniers Colliberts, se composait de gros paquets de roseaux liés entre eux par des branches flexibles et couverts par de grands joncs. Dans l'intérieur de la hutte où on pénétrait quelquefois par un simple trou, il n'y avait d'autre ameublement que quelques paquets de roseaux sur lesquels ces malheureux couchaient, ou des lits haut montés, lorsque l'eau, au moment des marées, envahissait ce logement misérable. Le foyer était au milieu, composé de deux morceaux de bois fourchus, plantés à terre, et un troisième en travers, auquel on suspendait la crémaillère, la fumée n'avait aucune issue. Les animaux vivaient avec les hommes. Ce n'est que plus tard qu'on plaçait à côté de la hutte une petite cabane destinée à renfermer les vaches, leur principale richesse.

Plus tard ils faisaient échapper la fumée par une cheminée construite avec un vieux bateau.

Quelques Huttiers se construisirent un four à côté de leur habitation. et, lorsque la hutte tombait soit par vétusté, soit par le feu, l'eau ou l'expropriation, au moment des premiers travaux de canalisation, on la reconstruisait en partie en pierre ; en ce moment les quelques huttes qui restent sont de véritables habitations.

Savary, après une excursion dans le cœur du Marais en 1839, dépeint, comme il suit, une physionomie qui l'avait particulièrement frappé : un huttier qui entrait dans sa hutte par un trou à l'aspect sauvage, de l'extérieur le plus singulier ; des années sans nombre paraissaient avoir passé sur sa tête ; ses cheveux rares, en désordre, hérissés, son œil hagard, sa barbe longue et grisâtre le faisaient ressembler en laid à l'un de ces dieux sous la figure desquels les anciens symbolisaient leurs fleuves. Et après cette description, il s'empresse de dire : ce huttier n'était pas de la race véritable.

Cette dernière réflexion qui montre ce que peut produire une imagination prévenue, la vue d'hommes ou de choses qu'on n'examine qu'après s'être fait certaines opinions le plus souvent fausses ou exagérées et avec des idées préconçues qui altèrent notablement, si elles ne l'effacent pas, la vérité qu'on cherche, nous mit en mémoire certains faits historiques souvent mal exposés, mal interprétés surtout en ce qui concerne la race des Huttiers.

Le bas Poitou et une partie de la Vendée étaient, sous le 1er Empire, la patrie presque exclusive des réfractaires. On s'est empressé de dire que tous les Huttiers étaient des réfractaires et qu'eux seuls se cachaient dans les parties des marais les plus inaccessibles.

Il y a deux exagérations qui constituent deux erreurs très-graves et très-importantes au point de vue anthropologique.

Beaucoup de ces Huttiers sachant qu'ils étaient encore un objet de mépris pour les habitants de la terre ferme, faisaient de bons soldats, et prouvaient par là qu'ils n'étaient ni idiots, ni crétins.

Certains habitants des environs ont souvent échappé à la conscription en se réfugiant dans les Marais, vivant dans les bateaux et dans quelques huttes éloignées où ils se rendaient de nuit.

Plusieurs de ces déserteurs sont restés dans les Marais et sont devenus des Huttiers, tandis que d'anciens

Huttiers, soit après avoir servi, soit autrement, sont venus habiter la terre ferme et se sont alliés à des familles implantées dans les environs, qui n'avaient déjà plus ce sentiment de répulsion qui poursuivit cette race pendant tant de siècles.

Cet homme dont parle Savary était probablement un réfractaire qui avait quitté la terre ferme pour se réfugier dans le Marais et devenir, en y restant, un Huttier qui n'était pas de race.

Les habitants des Marais, surtout avant qu'on eût creusé cette quantité innombrable de canaux qu'on appelle routes et rues, avaient deux moyens de locomotion, indépendamment des grandes bottes placées à côté de leur lit et dans lesquelles ils mettent leurs jambes pour ne pas entrer immédiatement dans l'eau qui circule parfois dans leur logement, à une hauteur de 50 centimètres environ :

D'abord une perche nommée *Pan* ou *Pal*, ou une *Ningle*, tige de frêne de 10 à 15 pieds, emboîtée d'une bille palmée, pour ne pas enfoncer dans la vase, ils sau tent avec ce moyen des canaux de 7 à 8 mètres de largeur.

Enfin le moyen par excellence que l'on voit partout dans cette admirable contrée, c'est la *Niole*, par corruption de *Yole*, légère nacelle en planches de chêne dont les deux extrémités sont carrées, et le *Nioleau* dont une extrémité est pointue. On voit encore des pêcheurs par excellence, porter leur bateau sous leurs bras et passer la plus grande partie de leur existence entièrement sur l'eau.

La Niole conduit au marché, à la messe, au baptême, au mariage, à l'enterrement, à la chasse, à la veillée qu'on annonçait autrefois avec une corne de bœuf, disposée en cor, où on jouait la Luette avec des cartes d'Espagne, où on dansait la Maréchine, espèce de branle chanté ou fredonné, où les vieux se chauffaient autour du feu allumé avec de la fiente de vache séchée au soleil et répandant une légère odeur musquée.

En ce moment il y a dans les Marais, des fermiers, des cabaniers, des nioleurs, qui se confondent tous avec les habitants des villages disposés çà et là, comme s'ils appartenaient à la même origine.

Nous terminerons cette étude rapide par l'exposé sommaire de quelques caractères anthropologiques que nous avons pu prendre sans les choisir chez quelques habitants de ce pays.

Quoique nous n'ayons point la prétention d'assigner d'une manière certaine une origine parfaitement déterminée pour ce peuple des marais, nous pouvons affirmer qu'il appartient à une belle race. Les habitants de la terre ferme provenant probablement d'un mélange de sang Celte-Teifalien et peut-être Normand, sont en ce moment doublés depuis plusieurs générations déjà, avec les restes de l'ancienne race des Colliberts, malheureux descendants des Gaulois primitifs appelés Agésinates-Cambelectri.

1° Le nommé *S. B.*, 86 ans, tempérament nerveux, d'une belle constitution, taille au-dessus de la moyenne, légèrement courbé sous le poids des ans, est un magnifique vieillard à la chevelure abondante, longue et bouclée, à l'œil vif, n'ayant d'autre infirmité qu'une ouïe un peu dure, et qui a passé sur l'eau la plus grande partie de son existence. Ce nioleur est un pêcheur émérite, qui part dans son bateau à 3 heures du matin et va au loin relever les filets qu'il a tendus la veille. Il rentre à la ville vers 11 heures ou midi et repart à 2 ou 3 heures jusqu'à 5 ou 6 heures du soir. Il se couche toujours de bonne heure ; et lorsqu'il prend une journée de plaisir, il fait encore à pied ses vingt kilomètres dans sa journée sans se fatiguer. Le front est élevé, la face large, le nez et la bouche bien accentués, les oreilles à lobule ordinaire. (Cet homme a de magnifiques arrière-petits-fils).

Mesures craniennes. (Tête brachycéphale).

| | | |
|---|---|---|
| Circonférence horizontale. . . . . . . . . | 60 cent. | |
| Diamètre antéro-postérieur. . . . . . . | 18 | 5 |
| Diamètre latéral. . . . . . . . . . . . . . | 16 | 9 |
| Distances des pommettes . . . . . . . . | 12 | 9 |
| Distances des orbites . . . . . . . . . . | 1 | 8 |
| Courbe antéro postérieure . . . , . . . | 26 | 6 |

2° *S.* fils du précédent, 58 ans, taille élevée, cheveux blancs, embonpoint, très-vigoureux, physionomie intelligente, pommettes peu saillantes, yeux vifs, teint coloré, tête volumineuse, visage large et plein.

Mesures craniennes. (Tête dolichocéphale à la limite)

| | | |
|---|---|---|
| Circonférence horizontale. . . . . . . . | 59 cent. | |
| Diamètre antéro-postérieur . . . . . . . | 20 | 6 |
| Diamètre latéral. . . . . . . . . . . . . . | 16 | 4 |
| Distances des pommettes . . . . . . . . | 13 | 6 |
| Distances des orbites . . . . . . . . . . | 1 | 4 |
| Visage (longueur) . . . . . . . . . . . . | 19 | |

Le fils dont nous ne possédons pas les mesures est un homme très-fort, de taille élevée, à tête courte ou brachycéphale.

3° *Femme S.* Epouse du précédent, 57 ans, maigre, taille moyenne, complétement édentée, lèvres minces rentrées, menton saillant, pointu, pommettes proéminentes, tête bien conformée, yeux bruns, petits, brillants, cheveux blancs mêlés encore de quelques cheveux bruns, teint coloré, physionomie intelligente.

Mesures craniennes. (Tête dolichocéphale limitée).

| | | |
|---|---|---|
| Circonférence . . . , . . . . . . . . . . | 51 cent. | |
| Diamètre antéro-postérieur . . . . . . . | 17 | 9 |
| Id. latéral . . . . . . . . . . . . | 14 | |
| Distance des pommettes. . . . . . . . . | 12 | |
| Id. des orbites . . . . . . . . . . | 1 | 6 |
| Visage. . . . . . . . . . . . . . . . . . | 17 | 5 |

4° *P. B.* 50 ans, journalier, taille élevée, peau bronzée, légèrement terreuse, ossature très-prononcée, peu d'embonpoint, teint mât, yeux petits et vifs, pommettes saillantes, cheveux bruns un peu frisés.

Mesures craniennes. (Tête brachycéphale).

| | | |
|---|---|---|
| Circonférence . . . . . . . . . . . . . . . | 55 cent. | 2 |
| Diamètre antéro-postérieur. . . . . . . . | 19 | |
| Id. latéral . . . . . . . . . . . . | 15 | 4 |
| Hauteur du front . . . . . . . . . . . . | 6 | 5 |
| De la racine des cheveux à la base du nez | 11 | |
| Distance des orbites. . . . . . . . . . . | 1 | 6 |
| Visage. . . . . . . . . . . . . . . . . . | 17 | 6 |

Le plus grand diamètre latéral est en arrière des oreilles.

5° *La femme B.*, épouse du précédent, 51 ans, maigre, petite taille, pommettes saillantes, cheveux grisonnants autrefois blonds, yeux petits et vifs, teint terreux, (cette femme est laveuse) habite ainsi que son mari une cabane placée dans une île en face de Coulon. (Il n'y a d'autre moyen de communication que le bateau).

Mesures craniennes. (Tête brachycéphale).

| | | |
|---|---|---|
| Circonférence | 50 cent. | |
| Diamètre antéro-postérieur | 17 | |
| Id. latéral | 14 | 5 |
| Distance des pommettes | 11 | 2 |
| Id. des orbites | 1 | 5 |
| Visage | 15 | 6 |

6° *B*..., 53 ans, taille très élevée, forte constitution, embonpoint, profession pénible (voyage continuellement) cheveux bruns commençant à blanchir, teint coloré, yeux petits, vifs, pommettes saillantes, physionomie intelligente, oreille gauche plate (cet homme sort de la terre ferme avoisinant le Marais).

Mesures craniennes. (Tête brachycéphale).

| | | |
|---|---|---|
| Circonférence | 57 cent. | 3 |
| Diamètre antéro-postérieur | 18 | 5 |
| Id. latéral | 16 | 7 |
| Hauteur du front | 5 | 3 |
| De la racine des cheveux à la base du nez | 11 | 2 |
| Visage | 18 | |
| Distance des orbites | 2 | |

7° *R*..., 46 ans, yeux exceptionnellement assez grands, peu vifs, expression timide un peu sauvage de la physionomie ; la figure semble exprimer un étonnement continuel ; aux premières questions qu'on lui adresse, il répond d'un air craintif et un peu défiant, mais lorsqu'il s'enhardit, on peut constater qu'il ne manque pas d'intelligence. Ses cheveux sont châtains, sa taille moyenne, teint frais, oreilles bien conformées, s'écartant un peu du crâne.

Mesures craniennes. (Tête brachycéphale).

| | | |
|---|---|---|
| Circonférence | 55 cent. | 6 |
| Diamètre antéro-postérieur | 18 | 9 |
| Id. latéral | 16 | 3 |
| Distance des pommettes | 12 | 9 |
| Id. des orbites | 2 | |
| Visage | 19 | 5 |

8° *B... L...*, 54 ans, maigre, taille élevée, expression particulière de la figure ; conformation bizarre du crâne, le visage est long et étroit, front bas, fuyant. Le crâne a la forme d'un moule à pain de sucre, ossature accentuée, cheveux très gros, rudes au toucher, noirs, parsemés de blancs, ils descendent en avant, perpendiculairement sur les yeux et viennent se terminer à peu de distance des arcades sourcilières ; on remarque une saillie assez considérable du crâne, ce qui donne une proportion un peu plus grande du diamètre latéral ; l'extrémité supérieure des oreilles présente une courbe allongée. Les yeux sont petits, brillants et paraissent enfoncés ; les arcades sourcilières offrent une proéminence prononcée, les pommettes sont saillantes, le teint est bronzé.

Mesures craniennes. (Tête dolichocéphale).

| | | |
|---|---|---|
| Circonférence | 56 cent. | 8 |
| Diamètre antéro postérieur | 19 | 5 |
| Id. latéral | 15 | 3 |
| Distance des pommettes | 12 | 5 |
| Id. des orbites | 1 | 6 |
| Visage | 21 | 3 |

9° *R... L...*, 71 ans, taille moyenne, courbée par l'âge,

à peu près aveugle, chauve presque complétement, sauf auprès des tempes et à la partie postérieure du crâne où il existe quelques cheveux blancs,

Mesures craniennes. (Tête brachycéphale).

| | | |
|---|---|---|
| Circonférence | 54 cent | 5 |
| Diamètre antéro-postérieur | 18 | 6 |
| Id, latéral | 16 | 3 |
| Distance des pommettes | 13 | 6 |
| Id. des orbites | 1 | 5 |
| Visage | 18 | |

10° *E... L...*, 65 ans, taille élevée, embonpoint médiocre, yeux petits, enfoncés légèrement dans leurs orbites. Cet homme se tient très-droit, cheveux grisonnants, teint légèrement bronzé.

Mesures craniennes. (Dolicocéphale).

| | | |
|---|---|---|
| Circonférence | 53 cent. | 1 |
| Diamètre antéro-postérieur | 18 | 2 |
| Id. latéral | 14 | 5 |
| Distance des pommettes | 13 | 6 |
| Id. des orbites | 1 | 4 |
| Visage | 19 | 7 |

11° *Femme P...*, 51 ans, petite taille, yeux petits, peu expressifs, cheveux blancs, visage plein, menton rond, teint bruni, physionomie douce, ne paraît pas avoir une intelligence bien developpée, tête presque ronde.

Mesures craniennes. (Brachycéphale).

| | | |
|---|---|---|
| Circonférence | 49 cent. | |
| Diamètre antéro-postérieur | 16 | |
| Id. latéral | 15 | 2 |
| Distance des pommettes | 11 | 6 |
| Id. des orbites | 1 | 4 |
| Visage | 17 | 1 |

12° *Femme P... F...*, 60 ans, taille moyenne, front élevé proéminence des arcades sourcilières, cheveux et sourcils gris, yeux petits, peu brillants; orbites très-rapprochés (ce caractère est très commun dans les marais) pommettes saillantes, le bas du visage étroit, la lèvre inférieure avance sur la lèvre supérieure, embonpoint peu marqué, teint bronzé.

Mesures craniennes. (Brachycéphale à la limite de 80 p. °/o).

| | | |
|---|---|---|
| Circonférence | 50 cent. | |
| Diamètre antéro-postérieur | 16 | 5 |
| Id. latéral | 13 | 2 |
| Distance des pommettes | 12 | 6 |
| Id. des orbites | 1 | |
| Visage | 16 | 1 |

C'est chez cette femme que nous avons trouvé la plus petite distance entre les orbites ; le nez est allongé et très-mince à sa partie supérieure.

13° F*emme V... M*.... 80 ans, taille assez élevée, mais courbée par l'âge, yeux petits encore vifs, figure allongée, pommettes saillantes, lèvres fines, teint bronzé, rides nombreuses, peu d'embonpoint.

Mesures craniennes. (Tête brachycéphale).

| | | |
|---|---|---|
| Circonférence | 51 cent. | |
| Diamètre antéro-postérieur | 18 | 1 |
| Id. latéral | 15 | 4 |
| Distance des pommettes | 12 | |
| Id. des orbites | 1 | 6 |
| Visage | 18 | 2 |

14° F*emme M... C...*, 63 ans, légèrement voûtée (marchande de poissons), embonpoint prononcé, yeux bleus petits, cheveux blonds, fins, commençant à grisonner, taille moyenne, tête ronde.

Mesures craniennes. (Brachycéphale).

| | | |
|---|---|---|
| Circonférence . . . . . . . . . . . . . . . . | 55 cent. | 8 |
| Diamètre antéro-postérieur . . . . . . . | 17 | 6 |
| Id, latéral . . . . . . . . . . . . . . | 15 | 8 |
| Distance des pommettes . . . . . . . . . | 12 | 6 |
| Id. des orbites . . . . . . . . . . | 1 | 5 |
| Visage . . . . . . . . . . . . . . . . . . | 19 | 5 |

Tous ces habitants des Marais n'ont pas l'haleine infecte, comme on a pu le croire, ils ne sont pas plus que d'autres sujets au goître, au crétinisme, aux affections de la peau, et paraissent même complètement indemnes des affections paludéennes. Nous avons eu l'occasion d'observer trois cas de lèpre, affection qu'on rencontre encore parfois dans le Poitou, et aucun de ces malades ne venait des marais de la Sèvre.

Les mesures moyennes de ces quatorze têtes prises au hasard peuvent se résumer comme il suit :

Mesures moyennes, têtes d'hommes.

(Brachycéphale 84 p. °/o).

| | | |
|---|---|---|
| Circonférence horizontale . . . . . . . . | 56 cent. | 44 m. |
| Diamètre antéro-postérieur . . . . . . . | 18 | 64 |
| Id. latéral . . . . . . . . . . . . | 15 | 66 |
| Distance des pommettes . . . . . . . . . | 12 | 91 |
| Id des orbites . . . . . . . . . . | 1 | 7 |
| Face (hauteur) . . . . . . . . . . . . . . | 18 | 8 |

TÊTES DE FEMMES (brachycéphale 85 p. °/o).

| | | |
|---|---|---|
| Circonférence horizontale . . . . . . . . . | 51 cent. | 13 m. |
| Diamètre antéro-postérieur . . . . . . . | 17 | 2 |
| Id. latéral . . . . . . . . . . . . . . | 14 | 7 |
| Distance des pommettes . . . . . . . . . | 12 | 2 |
| Id. des orbites . . . . . . . . . . | 1 | 5 |
| Face (hauteur) . . . . . . . . . . . . | 17 | 3 |

www.ingramcontent.com/pod-product-compliance
Lightning Source LLC
LaVergne TN
LVHW052032160826
845678LV00003B/1306

* 9 7 8 2 3 2 9 6 3 6 1 0 8 *